Explorando las Siete Maravillas del Mundo

Una Aventura para Niños

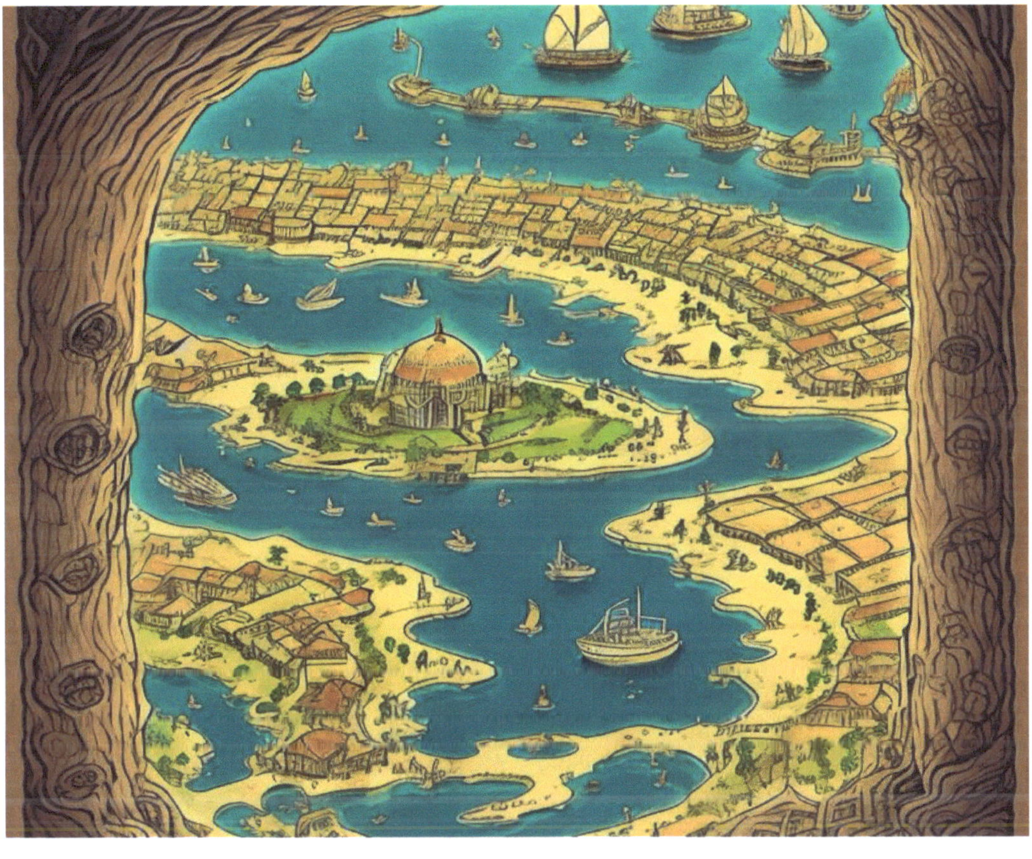

"Investigación de 'Te.D.S' de Pablo Gabriel Barreto: Un vistazo al listado más famoso de las 7 maravillas del mundo y los cuadros de Maarten van Heemskerck."

Introducción a las Maravillas del Mundo

¡Las Maravillas del Mundo Antiguo!

¿Alguna vez has escuchado sobre las cosas increíbles que los antiguos construyeron?

¡Se llaman las Maravillas del Mundo Antiguo!

Las Siete Maravillas del Mundo Antiguo es una lista de construcciones clásicas, casi todas desaparecidas hoy en día, que eran consideradas dignas de ver al menos una vez en la vida.

El origen de este top ¿siete de sitios más turísticos de la antigüedad viene de la

época de los helenos, que duró desde la muerte de Alejandro Magno en el 323 a.C. hasta la muerte de Cleopatra, faraona de Egipto, en el 31 a.C.

¡Hola amiguitos!

¿Sabían que en algún lugar del mundo existen maravillas increíbles que nos dejan boquiabiertos? Soy Pablo Barreto y quiero contarles una historia maravillosa que comienza en una tarde soleada, cuando me hice una pregunta: ¿qué es una maravilla? ¿Y cuáles son esas siete maravillas del mundo que tanto se mencionan?

Me encontré intrigado, así que decidí adentrarme en una emocionante aventura llena de descubrimientos. ¿Qué me esperaría al explorar estos misterios? ¿Qué hace a un lugar una maravilla? ¿Por qué solo hay siete?

Con cada paso en mi investigación, pequeños detalles comenzaron a iluminar mi camino. Cada respuesta era como un pedacito de un rompecabezas mágico que revelaba más secretos. ¡Y fue fascinante! Descubrí historias encantadoras sobre lugares increíbles: pirámides gigantes, jardines colgantes que flotan en el aire y estatuas gigantes que parecen custodiar secretos antiguos.

Pero lo más especial de todo esto es que decidí compartir este viaje asombroso con mis dos grandes tesoros, mis dos hijos: Lautaro y Joaquín. Ellos me inspiraron a emprender esta búsqueda y quiero dedicarles todo lo que he aprendido en este viaje de descubrimiento. Entonces, ¿están listos para embarcarse en esta aventura conmigo? Descubramos juntos las siete maravillas del mundo y aprendamos por qué cada una es tan especial. ¡Espero que se sumerjan en este mundo lleno de magia e historias asombrosas!

Con cariño,

Pablo Barreto

Las Siete Maravillas del Mundo Antiguo

Capítulo 1

Los Misteriosos Jardines Colgantes

Imagina un lugar antiguo en la ciudad de Babilonia, que ahora está en lo que se llama Irak. Este lugar tenía algo mágico: ¡los Jardines Colgantes! Fueron creados hace mucho tiempo por el rey Nabucodonosor II para su esposa, Amytis.

Estos jardines eran diferentes a cualquier otro jardín que hayas visto. No estaban en el suelo, ¡sino que colgaban en terrazas como grandes escalones! Había muchas plantas bonitas, como palmeras y árboles frutales, y estaban regadas por el río Éufrates.

Pero aquí está lo extraño: a pesar de lo maravillosos que eran, no hay evidencia clara de que hayan existido realmente. No se han encontrado restos de estos jardines, lo que hace que algunas personas duden de su existencia. Sin embargo, muchos cuentan historias sobre su belleza y frescura.

¡Imagina qué emocionante sería descubrir si los Jardines Colgantes fueron reales o solo una leyenda! El misterio de estos jardines ha intrigado a mucha gente durante mucho tiempo, y la búsqueda de la verdad sobre ellos continúa hasta el día de hoy.

La primera parada nos lleva a la histórica ciudad de Babilonia, en lo que hoy es Irak.

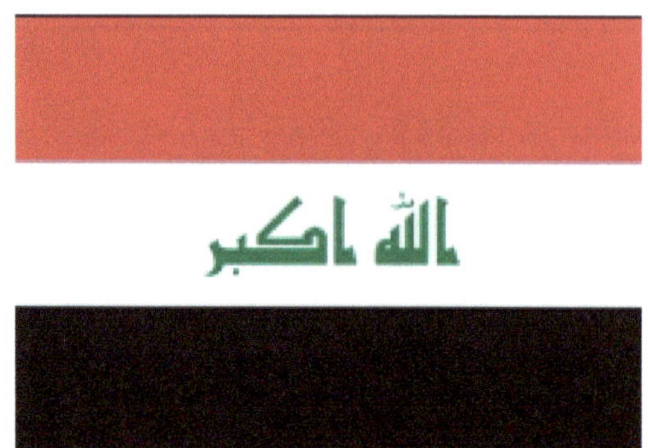

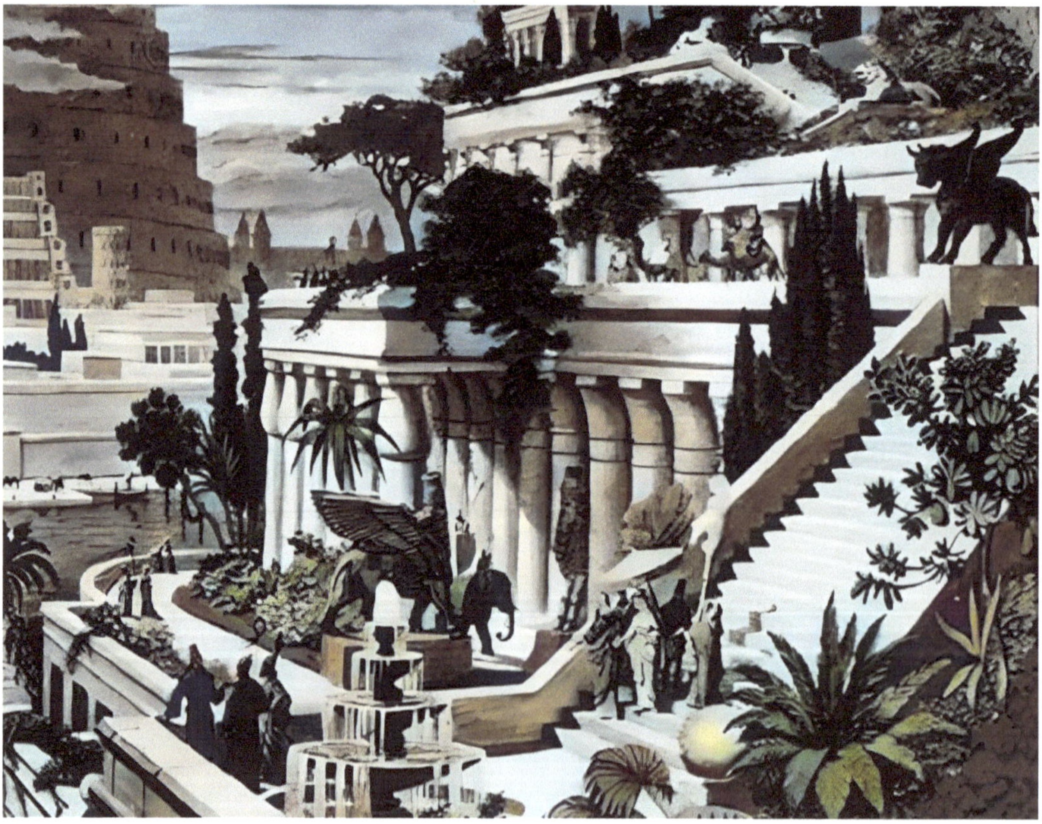

Capítulo 2

El Mausoleo de Halicarnaso.

¿Sabían que, en Turquía, en la antigua ciudad de Halicarnaso, había un lugar increíble llamado el Mausoleo de Halicarnaso? ¡Era enorme y muy especial!

Este lugar era un sepulcro gigantesco, construido hace muchísimo tiempo, ¡más o menos hace 2,400 años! Fue hecho para Mausolo, un gobernador del Imperio Persa. El Mausoleo medía alrededor de 40 metros de largo por 46 metros de alto, ¡imagínense lo grande que era!

Lo más asombroso es que cada parte de este Mausoleo estaba decorada de manera muy bonita. Tenía esculturas creadas por artistas griegos, ¡eran tan detalladas y bellas que todos hablaban de ellas! De hecho, esta palabra "mausoleo" que usamos hoy en día para referirnos a grandes tumbas, ¡viene precisamente de este lugar!

A pesar de que el Mausoleo fue tan famoso y resistió a muchas cosas como las invasiones de diferentes pueblos y la destrucción de la ciudad por un famoso rey llamado Alejandro Magno, desafortunadamente, no pudo resistir un gran terremoto que ocurrió en el año 1404. El terremoto fue tan fuerte que el Mausoleo se derrumbó y ya no pudo mantenerse en pie.

Aunque ya no está aquí, la historia de este Mausoleo es muy interesante y nos enseña lo increíble que pueden ser las construcciones antiguas. A veces, podemos encontrar ruinas o partes de lo que quedó de este lugar y nos hacen imaginar lo grandioso que fue en su tiempo.

La siguiente parada nos lleva a la histórica Turquía.

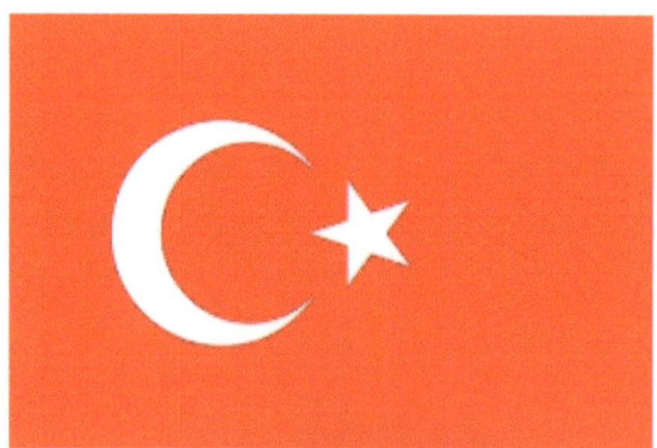

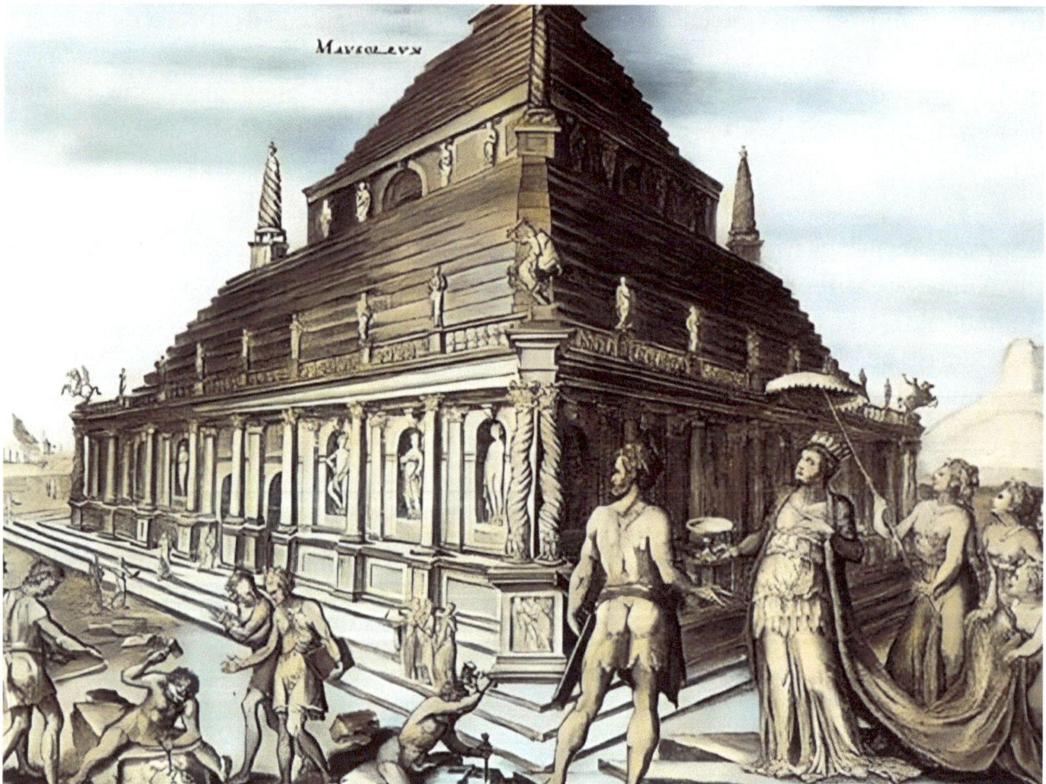

Capítulo 3
El Templo de Artemisa.

¿Sabían que en la antigua ciudad de Éfeso, justo a la orilla del Mar Egeo, había un templo increíble llamado el Templo de Artemisa? ¡Era un lugar realmente asombroso!

Este templo estaba dedicado a Artemisa, la diosa griega de la caza y la virginidad. Era similar en estructura al famoso Partenón de Atenas, ¡pero muchísimo más grande! Era cuatro veces más grande y casi el doble de alto. Imaginen un edificio tan grande que casi alcanzaba las nubes, ¡así de majestuoso era!

Lo triste es que este templo tan maravilloso sufrió un destino muy desafortunado. Fue destruido en un incendio que fue provocado por Eróstrato, ¡un pastor que quería ser famoso por destruir el edificio más hermoso del mundo! ¡Qué tristeza!

Lo más curioso es que este incendio ocurrió la misma noche en que nació alguien muy famoso, ¡nada menos que Alejandro Magno, un rey muy poderoso!

A pesar de que el Templo de Artemisa ya no está aquí hoy en día, su historia es muy interesante. Nos enseña lo importante que es cuidar y valorar las cosas hermosas que tenemos a nuestro alrededor. A veces, podemos ver ruinas o partes de lo que quedó de este templo, y nos hacen imaginar lo grandioso que fue en su época.

El mundo está lleno de lugares increíbles y con historias emocionantes. ¡Qué divertido sería descubrir más secretos de la historia de lugares como el Templo de Artemisa!

No nos movemos de la histórica Turquía.

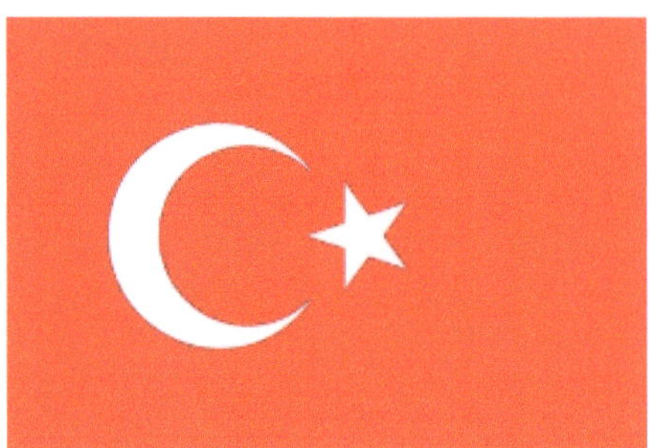

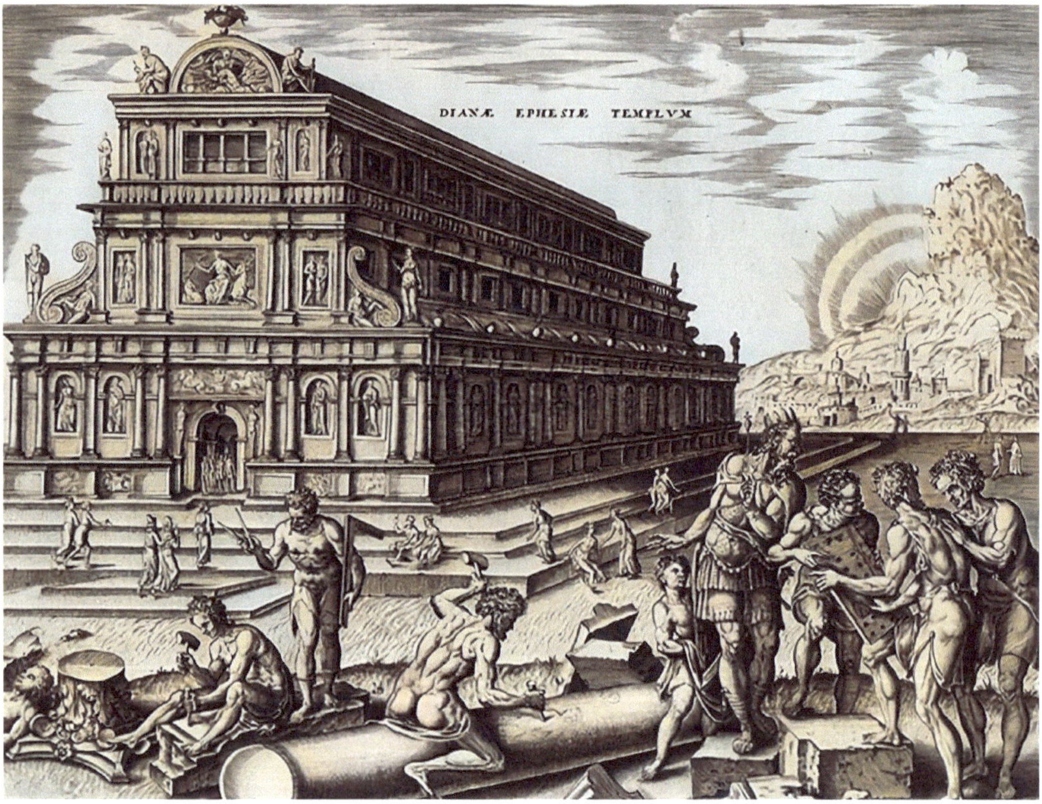

Capítulo 4

El Coloso de Rodas.

¿Han escuchado hablar sobre una isla llamada Rodas en Grecia? ¡Es un lugar increíble y en su puerto había algo muy especial que recibía a los barcos! Se trataba del Coloso de Rodas, ¡una estatua enorme que era como decir "¡Hola, bienvenidos!" a todos los que llegaban!

Esta estatua era realmente gigantesca, ¡imaginen a una estatua de bronce que representaba a Helios, el dios del sol, y medía 32 metros de altura! ¡Era tan alta como la Estatua de la Libertad, pero fue construida hace más de 2,000 años!

Un artista llamado Cares de Lindos fue quien creó esta maravillosa escultura, pero algo triste pasó. El artista no pensó mucho en el dinero que costarían los materiales para hacerla, y terminó teniendo muchos problemas económicos. Desafortunadamente, esto lo llevó a la ruina y finalmente, se quitó la vida.

Aunque la estatua era realmente asombrosa, no duró mucho tiempo en pie. Un terremoto, ¡un temblor muy fuerte en la tierra!, ocurrió 66 años después de que la terminaran de construir y derribó al Coloso de Rodas.

A veces, las cosas más maravillosas en la historia también tienen historias tristes. A pesar de que ya no está aquí, la historia de esta estatua nos muestra lo increíble que puede ser la creatividad humana y cómo a veces, incluso las cosas más grandes pueden ser frágiles.

¿Les gustaría saber más sobre las cosas increíbles que existieron en el pasado? ¡Hay muchas historias sorprendentes esperando ser descubiertas!

Más al sur, llegamos a Grecia, allí está la isla de Rodas, en cuyo puerto nos daba la bienvenida el Coloso de Rodas

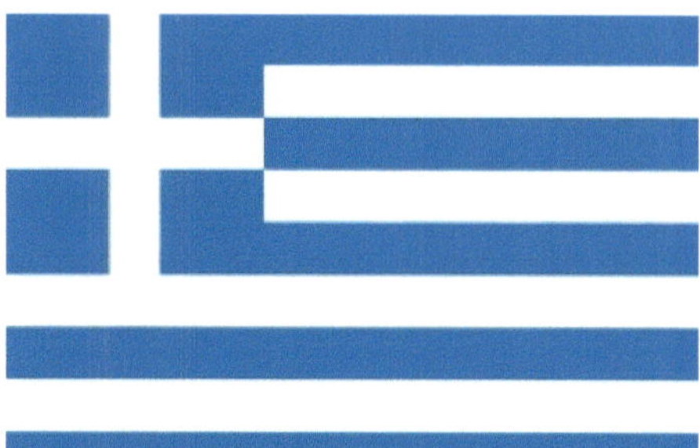

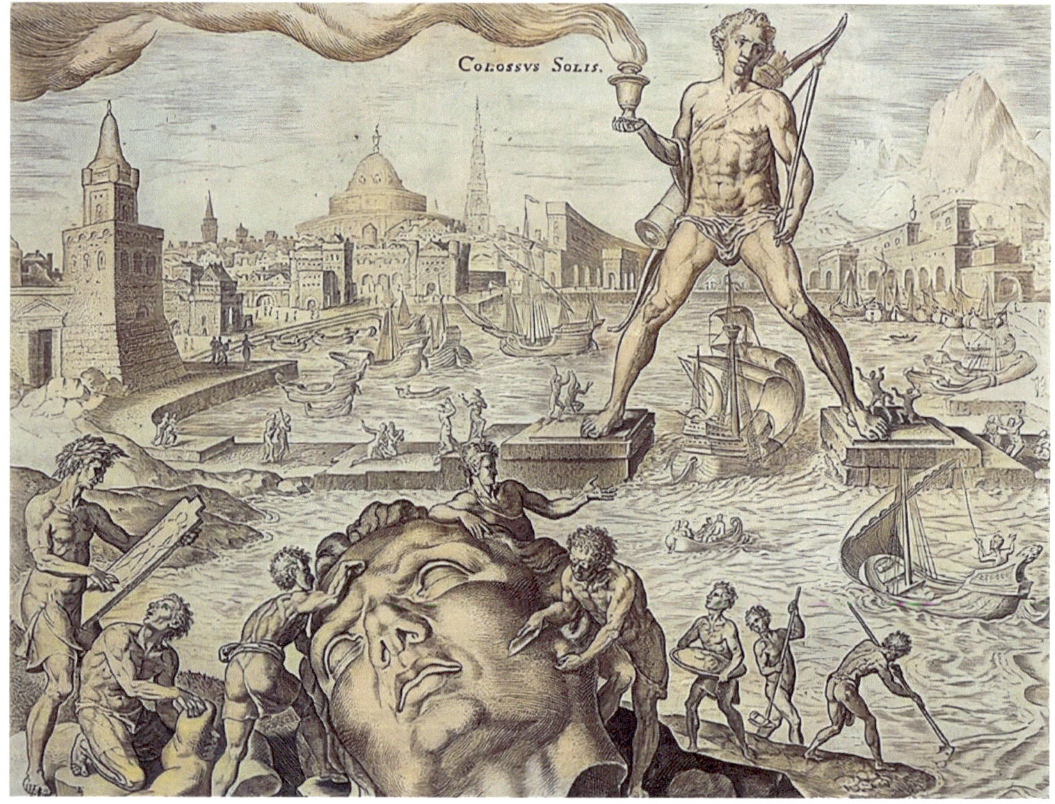

Capítulo 5
La estatua de Zeus

¿Sabían que en Olimpia, un lugar especial donde se celebraban los famosos Juegos Olímpicos en la Antigua Grecia, había una estatua increíble de Zeus? ¡Era verdaderamente impresionante!

Esta estatua de Zeus era gigantesca, ¡medía unos 12 metros de altura! Imaginen un edificio alto, ¡era tan grande como eso! Fue tallada por un artista muy talentoso llamado Fidias, quien también creó el famoso friso del Partenón, ¡otra maravilla antigua!

Lo más sorprendente es que esta estatua de Zeus estaba hecha de marfil y oro sólido. ¡Sí, oro de verdad! Fidias trabajó con mucho cuidado para hacer que la estatua se viera increíblemente hermosa y poderosa.

Cuentan las historias que en cierto momento, el emperador romano Calígula quiso poner su propia cabeza en lugar de la de Zeus. ¡Imaginen qué idea tan extraña! Sin embargo, cuando sus soldados se acercaron al templo para cortar la cabeza de la estatua, ¡escucharon una risa muy fuerte y aterradora que salió del templo! Fue tan fuerte que los soldados salieron corriendo muy asustados.

A pesar de esta historia divertida, lamentablemente, la estatua de Zeus no está con nosotros hoy en día. Fue destruida en un incendio que ocurrió mucho tiempo atrás.

Aunque ya no podamos verla, estas historias nos muestran lo asombroso que era el arte antiguo y cómo las personas creaban cosas tan increíbles con sus manos.

Olimpia, un lugar donde se celebraban los famosos Juegos Olímpicos en la Antigua Grecia

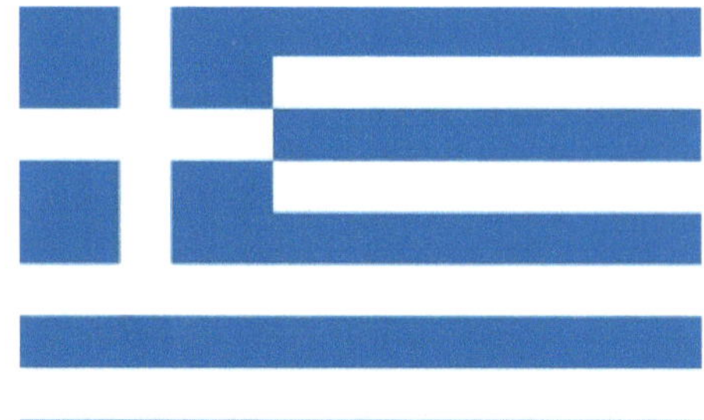

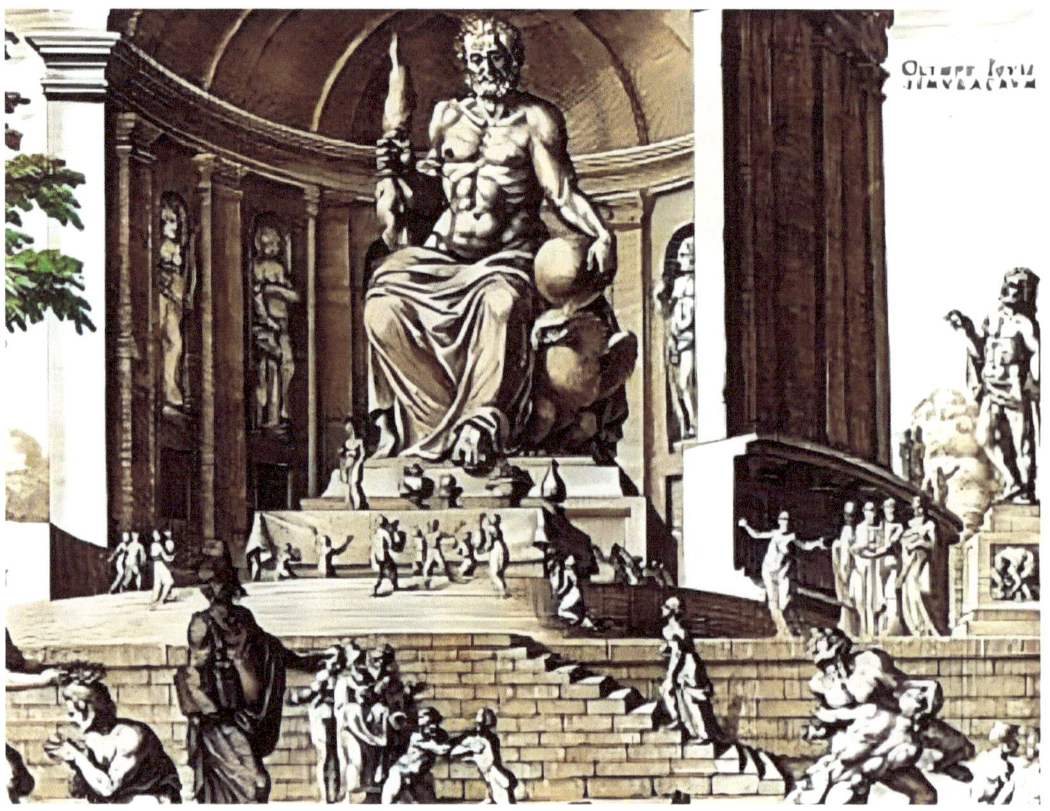

Capítulo 6

El Faro de Alejandría

Continuamos el viaje a un lugar mágico y lleno de historia: ¡Egipto! En específico, nos dirigimos a una ciudad llamada Alejandría. ¿Saben quién fue la persona importante que la fundó? ¡Exacto! ¡Fue Alejandro Magno, un famoso rey y conquistador!

Alejandría era especial por muchas razones, ¡pero una de las cosas más impresionantes era su puerto! Era el puerto más importante del mundo en esa época. ¿Saben cómo podían saber los barcos dónde estaba el puerto? ¡Gracias a una torre increíble llamada el Faro de Alejandría! Esta torre estaba en una isla llamada Faros y era muy famosa. De hecho, los faros que vemos hoy en día, ¡tienen su nombre y se parecen a esta torre!

El Faro de Alejandría era enorme, ¡medía 134 metros de altura! Durante muchísimo tiempo, fue una de las estructuras más altas construidas por los seres humanos. ¡Imagínense lo alto que era! Durante mil años, ayudó a los barcos a encontrar su camino en el mar, ¡era como una gran señal para los marineros!

Pero, como en muchas historias, algo triste pasó: un terremoto muy fuerte destruyó el Faro de Alejandría en el año 1323. A pesar de que ya no está, la historia de este faro sigue siendo muy famosa y nos muestra lo increíble que pueden ser las construcciones hechas por las personas antiguas.

¡Qué emocionante es descubrir estos lugares llenos de magia y aventura! ¿Les gustaría conocer más sobre otros lugares asombrosos del mundo? ¡Hay muchos secretos por descubrir!

Un lugar mágico y lleno de historia: ¡Egipto!

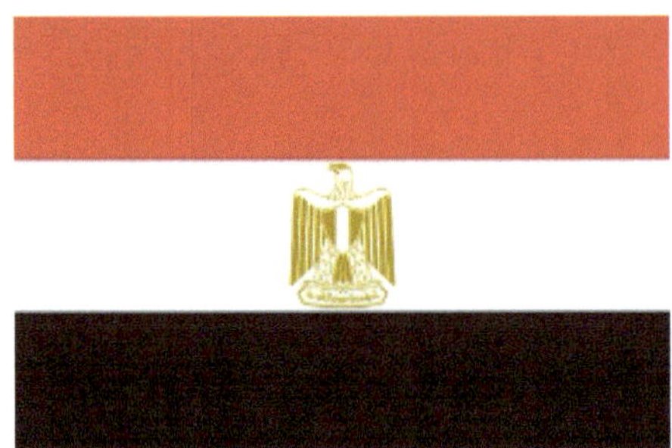

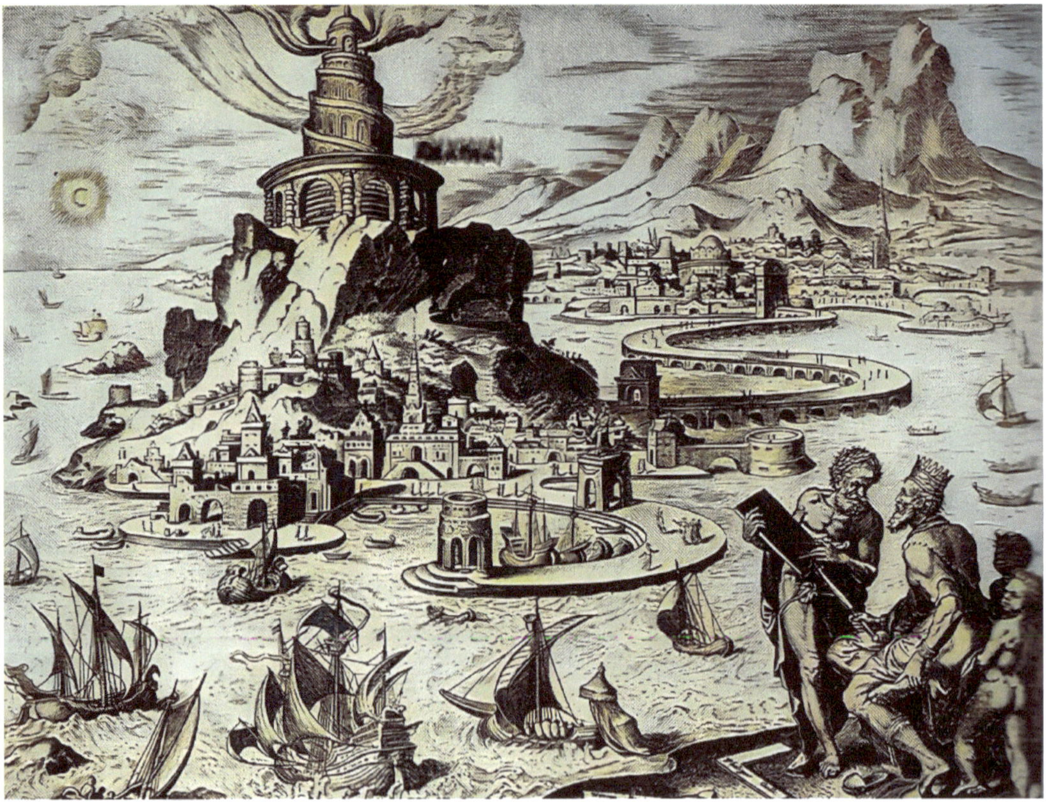

Capítulo 7

La gran Pirámide de Guiza.

¿Han escuchado hablar de las increíbles pirámides en Egipto? ¡Una de ellas es tan especial que sigue en pie hoy en día! Es la gran Pirámide de Guiza, ¡y es asombrosa!

Esta pirámide es la tumba de un faraón llamado Keops y es la única de las antiguas siete maravillas del mundo que aún podemos visitar. ¡Es tan antigua que fue construida hace más de 4,500 años, en el siglo XXVI a.C.! ¡Eso es muchísimo tiempo atrás!

¿Saben qué es lo más sorprendente? ¡Es la pirámide más grande y antigua de todas! Mide alrededor de 146 metros de altura y ¡su longitud es de 230 metros! ¡Es tan gigante que impresiona a cualquiera que la vea!

Pero lo más increíble es cómo fue construida. Está hecha de aproximadamente 2.3 millones de bloques de piedra, ¡imaginen eso! Algunos de estos bloques son muy pesados, ¡alrededor de dos toneladas y media! ¡Algunos son aún más grandes y pesados, llegando hasta sesenta toneladas!

Lo más curioso es que aún hoy en día, ¡no sabemos exactamente cómo los egipcios lograron construir esta maravilla! No tenemos todos los detalles de cómo hicieron para mover y colocar estas enormes piedras sin la maquinaria moderna que usamos ahora.

La Gran Pirámide de Guiza es un misterio que nos fascina y nos hace pensar en el gran ingenio y habilidades que tenían las antiguas civilizaciones. ¡Es emocionante aprender sobre estas maravillas del pasado y descubrir los secretos que aún guardan!

¿Les gustaría algún día visitar la Gran Pirámide y descubrir más sobre su historia? ¡Seguro sería una aventura increíble! ¡El mundo está lleno de sorpresas asombrosas!

En Egipto finalmente nos encontramos con la pirámides

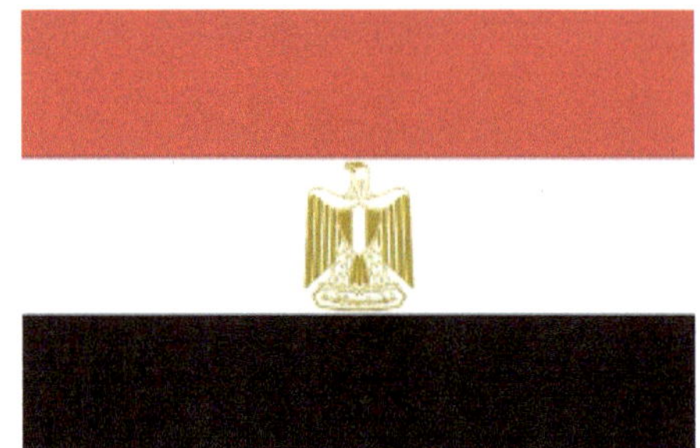

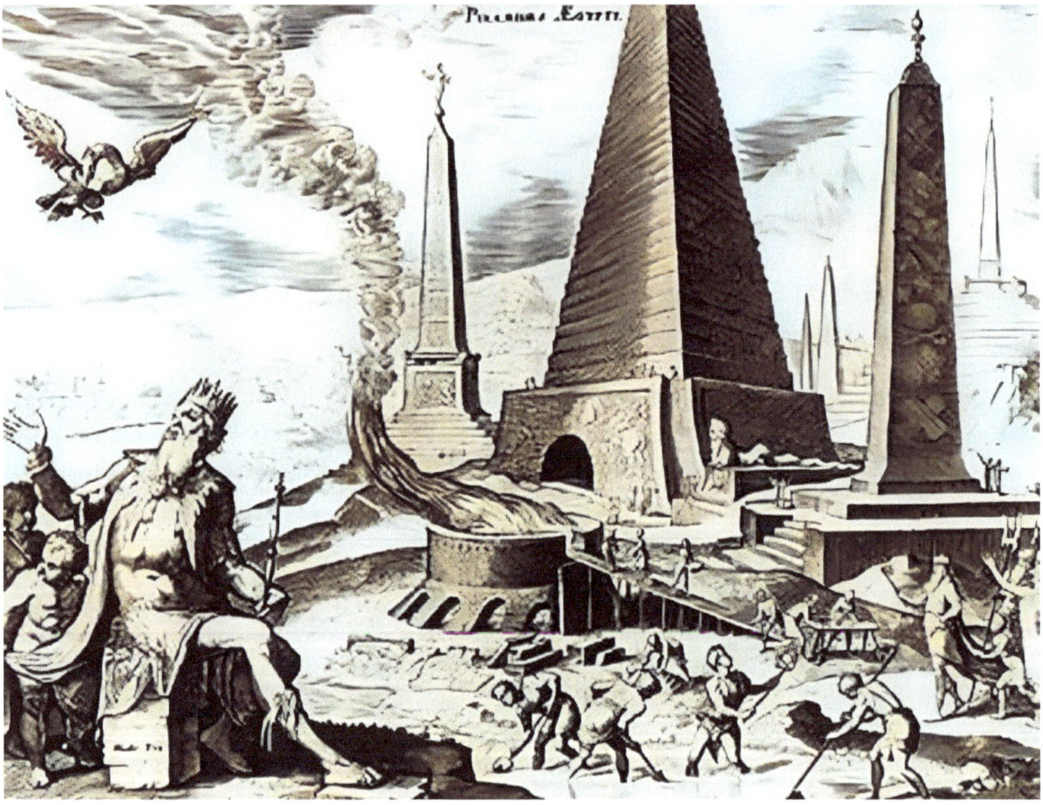

Capítulo 8.

El listado más famoso de estas maravillas.

¿Sabían que hay lugares en el mundo que son tan asombrosos que se consideran maravillas? ¡Sí, como en los cuentos de hadas, pero ¡reales! Este es el listado más famoso de estas maravillas y se fijó hace muchísimos años, en el siglo XVI, ¡más o menos en el año 1500!

Fue gracias a un artista alemán llamado Maerten van Heemskerck que esta lista se hizo muy conocida. Él pintó una serie de cuadros sobre estas maravillas.

Maerten van Heemskerck

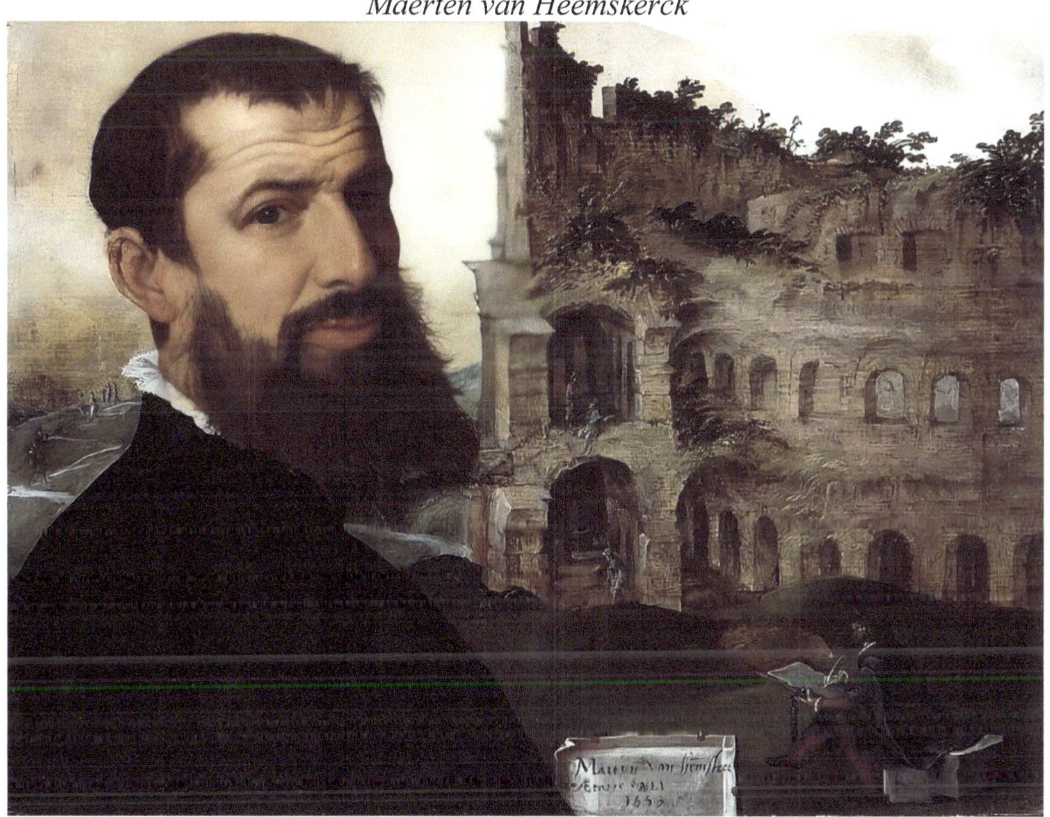

Estos lugares eran conocidos como las Siete Maravillas del Mundo Antiguo. Aunque muchos de ellos ya no existen hoy en día, su historia y su grandeza han inspirado a muchas personas a lo largo del tiempo.

¡Imagínense cuántas aventuras habrían sido visitar estas maravillas! Aunque ya no estén aquí, ¡el mundo todavía está lleno de lugares increíbles por descubrir! ¿Les gustaría visitar alguno de estos lugares si pudieran viajar en el tiempo? ¡Yo sí!

Capitulo 9

Hoy en día.

¡algunas de esas maravillas ya no están aquí!

Una de las maravillas era el Coloso de Rodas, una estatua gigante de un guerrero. Era tan grande que se decía que podías pasar bajo sus piernas, ¡imagine eso!

Luego estaba el Mausoleo de Halicarnaso, ¡un sepulcro gigantesco con esculturas hermosas! Pero lamentablemente, este lugar se derrumbó por un terremoto y ya no está aquí.

El Faro de Alejandría era una torre alta y brillante que ayudaba a los barcos a encontrar su camino en la noche. ¡Eso sería fantástico verlo brillar desde lejos!

Los Jardines Colgantes de Babilonia eran como jardines que flotaban en el aire, ¡tan altos y llenos de plantas y flores hermosas!

¡Y qué decir de las Pirámides de Egipto! Eran grandes y antiguas, y mucha gente las encontraba asombrosas.

Por último, el Templo de Artemisa en Éfeso era un templo enorme y bonito dedicado a la diosa Artemisa.

¿Pero saben qué? Hoy en día, de todas estas maravillas, solamente una está parcialmente aquí: ¡las Pirámides de Egipto! A pesar de que el tiempo ha pasado y algunas de estas maravillas se han ido, todavía podemos imaginar lo increíbles que fueron y lo mucho que impresionaron a las personas de aquellos tiempos.

¡Aunque ya no estén aquí, recordamos estas maravillas y sus historias nos hacen soñar con los lugares sorprendentes que existieron una vez en el mundo!

Gran Pirámide de Guiza

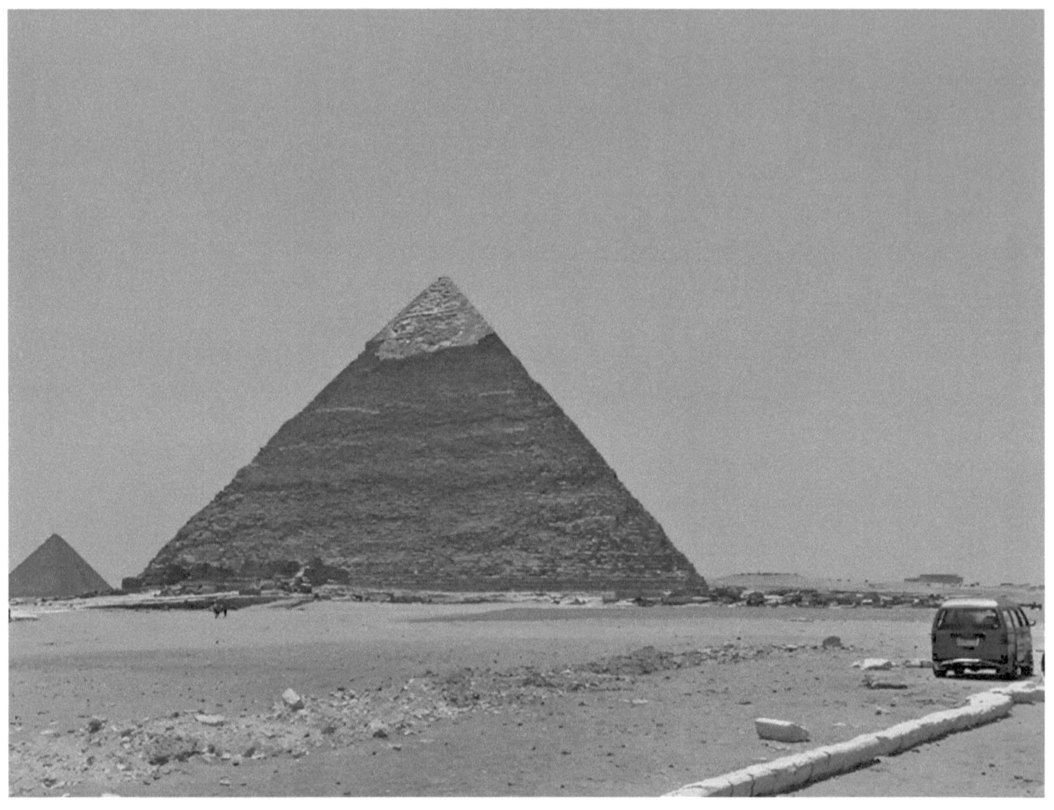

Índice

Bibliografía

Albaigès, J. M. (1996). Enciclopedia de los nombres propios. Barcelona: Planeta. ISBN 84-08-01286-X.

Báez, F. (2012). Las maravillas perdidas del mundo: Breve historia de las grandes catástrofes de la civilización. Océano. ISBN 9786074008517.

Carroll, M. (2003). Earthly Paradises: Ancient Gardens in History and Archaeology. Londres: Brith Museum Press. ISBN 0-89236-721-0.

Curlee, L. (2002). The Seven Wonders of the Ancient World. Chicago: Atheneum Books for Young Readers. ISBN 978-0689831829.

Dalley, S. (2013). The Mystery of the Hanging Garden of Babylon. Londres: Oxford University Press. ISBN 978-0-19-966226-5.

Fernández Lommen, Y. (2001). China: La Construcción de un Estado Moderno. Madrid: Catarata. ISBN 84-8319-109-1.

Gööck, R. (1968). Maravillas del Mundo. Barcelona: Círculo de Lectores.

de Jevenois, P. (2006). "El enigma de Keops". La aventura de la Historia, 8(83). Madrid: Arlanza Ediciones. ISSN 1579-427X.

Pascual, J. (2013). "Rodas los marineros del Coloso". La aventura de la Historia, 15(179). Madrid: Grupo Unidad Editorial. ISSN 1579-427X.

Plinio el Viejo (2007). LIBRO XXXVI TRATADO DE LA NATURALEZA DE LAS PIEDRAS. Madrid: Reformas Aereas SA. Recuperado de [enlace roto disponible en Internet Archive; véase el historial, la primera versión y la última].

Quesada Sanz, F. (2009). Ultima ratio regis control y prohibición de armas desde la Antigüedad a la Edad Moderna. Madrid: Polifemo. ISBN 978-84-96813-23-6.

River, C. (2012). The Seven Wonders of the Ancient World. Massachusetts: Charles River Editors.

Saporetti, C. (2007). "Leyenda y realidad la Torre de Babel". La aventura de la Historia, 9(99). Madrid: Unidad Editorial. ISSN 1579-427X.

Sículo, D. (2001). Biblioteca histórica. Libros I-III. Traducción de F. Parreu Alasá. Gredos. ISBN 84-249-2291-3.

Sullivan, E. A. (2011). The Seven Wonders of the Ancient World. Nueva York: Benchmark Education Company. ISBN 978-1-4509-0776-7.

Vitti, P. (2007). "Luz y defensa". La aventura de la Historia, 9(102). Madrid: Unidad Editorial. ISSN 1579-427X.

Woods, M., & Woods, M. B. (2009). Seven Wonders of the Ancient World. Minneapolis: Twenty-First Century Books. ISBN 978-0-8225-7568-9.